INVENTAIRE
X 18889

HARANGVE FVNEBRE SVR LA MORT DV TRES-CHRE-stien Roy de France & de Nauarre HENRY IIII.

Faicte & prononcée en la maison de Ville de Marseille, Par le sieur B. de VIAS, Docteur és Droicts, & Aduocat en la Cour.

A PARIS,

Chez IEAN LIBERT, demeurant ruë Sainct Iean de Latran, prés le College de Cambray.

M. DC. X.

HARANGVE FVNEBRE
SVR LA MORT DV TRES-Chrestien Roy de France & de Nauarre HENRI IIII.

MESSIEVRS, il me semble qu'il seroit mieux pour tesmoigner la vehemente douleur de nostre perte & le commun regret d'vne pareille infortune & desastre, de fondre nos yeux en larmes, & fendre nos cœurs par la vehemence de nos souspirs, & nous changer (si faire ce pouuoit) en quelque Niobé pour larmoyer incessamment nostre malheur : ou en Acis metamorphosé en fontaine par l'enuie d'vn cruel Cyclope, ne pouuant auoir autrement fauorables les attraits de la belle Galathea : que non pas auec vn discours importun & auec des parolles mal ageancees suiuant la passion des regrets qui agitent mon ame en ceste triste action

Infandum renouare dolorem.

Que si ce Peintre fameux Timanthe se deffiant de l'industrie de son pinceau pour portraire l'immolation d'Iphigenia aux autels de Diane ne peut mieux nous representer le dueil & la tristesse d'Agamemnõ assistant au sacrifice de sa fille qu'en luy couurãt les yeux d'vn voile sombre & obscur. De quelles parolles assez desolees, de quelles larmes asses debordantes, & de quels souspirs asses vehemens pourray-ie maintenãt vous representer les regrets de la mort de celuy qui ayant borné la gloire de sa valeur des fins de l'vniuers, ne peut estre suffisamment pleuré que par tout l'vniuers ensemble.

O grand Henry Monarche des Rois, l'Alexandre de l'Europe, l'vnique laurier ou les victoires & triomphes emprunterōt à l'aduenir leurs courones pour enceindre les testes des plus grands Rois ; Grand Henry à qui le Ciel auoit donné plus de courage qu'il n'en falloit pour la coqueste des mondes d'Anaximandre, me permetrez-vous qu'en vne actiō si funeste, qu'en ce deuoir si iuste pour le tesmoinage de nos doleances i'ose vous nommer mort? vous qui auez donné la vie à tant de millions de vos subiets, vous qui auez braué la mort parmy les hazards pour la donner à vos ennemis, secondé des armes de vostre valeur, vous de qui les trophées & triomphes emportez sur ce grand monde de François conquesté & subiugué par vostre courage (qui ne le peut & ne le sçeut estre que par des Cæsars, par des Clouis, ou par vous) ont arboré les verdoyantes oliues de la Paix au milieu de ce Royaume accablé par nos guerres ciuiles, & raualé iusques au centre de ce non-estre, mais maintenant releué iusques au Zenit de ses plus asseurées & solides prosperités. Oseray-ie vous dire mort! vous de qui la renommée passera les siecles en durée, de qui la vertu est enregistrée aux Ephemerides des Cieux, & de qui la Majesté & clemēce Royale sera eternellement engrauée aux cœurs de vos François, oseray ie vous nommer mort! Helas! ouy, puis que la perfidie a eu ce pouuoir sur vostre innocence, puis que la Iustice & les Deitez ont esté bannies de la terre par les forfaits & trahisons des Megeres infernalles. *Quis talia fando Temperet à lachrimis?*

Mais me permettrez vous encores grand Roy, vous qui en vostre viuāt auez daigné regarder d'vn œil benin & tout Royal vos vertus empraintes dans mes vers, qui auez accablé ma Muse sous le fardeau de vos armes, qui l'auez si souuent releuee sur le Parnasse de vos conquestes, & abreuee dās l'Helicon de vostre valeur que maintenāt

changeât mes lauriers en funestes Cyprés
i'aille vous lamentant dans les tombeaux,
& comme vn autre Orphee tout plaintif
vous chercher parmy les champs Elysees!

*Te sine Pieria quicquid modo Phœbus in
   vmbra,
Quicquid in Ismarijs mõstrabat collibus Euã
Dedidici, fugere meos Parnassia crines
Vellera, funestámq; hederis irrepere taxum
Extimui trepidámq;, nefas! arescere laurũ.*

Mais permettez le moy s'il vous plaist
grand Roy, & que ma voix soit comme
ces femmes que les Romains apelloient
Præficæ pour lamenter eternellement ce
funeste malheur.

Et vous Messieurs faictes que tout ce
que ie diray des vertus d'vn si magnanime
Monarque vous soit comme ce premier
ton de musique que les Grecs appellent
ἐνδδουμον auec lequel les maistres de
cœur mettent les autres chantres en train;
qu'il vous soit comme la fluste des Spar-

tiates qu'ils sonnoient au lieu des tronpettes au cœurs valeureux *quod eos leui momento sat erat incitare*; qu'il vous soit comme vne estincelle tombee dans de la poudre ou du souffre pour vous eschauffer à la memoire d'vn si braue Capitaine, le Capitaine des Rois, & ce qu'vn chacun de vous aura peu remarquer des plus beaux traicts de sa gloire qu'il le conserue pour en faire vne Venus de Praxatiles portraict de toute perfection.

Ce monde, dit Plutarche, est vn temple tres-sainct dans lequel l'homme est introduit à sa natiuité pour y contempler des statuës non ouurees ny taillées des mains des hommes, & qui n'ont aucun mouuement, mais celles que la Diuine pensée a faictes sensibles pour nous representer les intelligibles; en Epitome & en pourtraict racourcy voulons nous voir le Dieu du Ciel, regardois vn Roy en terre vn de ses fauoris, vn de ses Lieutenás, ô que de rayós! ô que ô que de diuins caracteres grauez sur son front! ô que la grandeur de ceste Majesté qui le met hors de la presse des hommes iette de lustre & d'esclat, plus luisante que l'image d'Hecaté au temple de Diane en Ephese où les Prestres aduertissoyent les assistans de ne la regarder pas de trop pres. Et ce pourquoy Platon en ses Politiques dit Ὁ βασιλεὺς ὡς Θεός ἐξ ἀνθρώπων *Rex Deus quispiam humanus est*, Callimachus Ἐκ γὰρ Διὸς βασιλῆες *ex Ioue sunt Reges*, & Homere par toute son Iliade appelle les Roys διοτρεφέας βασιλῆας *à Ioue educatos*, nos loix ne le nomment ils pas aussi sacreés, leurs cóstitutions & leurs maisons sacrées au Code *de priuil. eor: qui in sacr. pal. milit. l. leges sacratissimæ C. de leg.* Aussi ce sont eux qui donnent le branle à toutes nos actions qui pareils à cet Agamemnon d'Homere ont entre leurs mains la vie & la mort de leurs sujects, foudroient sur nos meffaits, guerdonnent nos bien-faits, & en tout sem-

B

blables à la Diuiuité pardonnent, par leur clemence la faute de nos malices.

Et Hircaniis exercent fulgura sylius.

Herisser doncques sur son Maistre, leuer le bras contre son Roy, semer la diuision en son Estat, & luy donner tousiours à coupper la teste de l'Hydre, n'est-ce pas enfiler crime au crime, & en vn seul homme offenser le ciel & la terre? si Vicaire de Dieu n'est-ce pas impieté? si l'oinct du Ciel, n'est-ce pas sacrilege? si pere commun du peuple, n'est-ce par parricide? quel doncques a esté cet impie Typhee qu'il en a voulu prendre contre les Dieux? quel a esté ce sacrilege Paris qui a entrepris d'assasiner nostre magnanime Achilles? & quel fut ce Brutus parricide qui osa ietter sa rage dans les entrailles de nostre Cesar? Ame ensorcelee, engeance des viperes, nourrie par les furies, croiray-ie que tu ayes osé penser seulement en vn tel massacre?

Non ie ne le croy pas, par ce que tous

vrais sujects doiuent faire vne entiere resignation de toutes leurs affections entre les mains de leur Roy, estouffer toutes volontez, & perdre leur libre arbitre pour se transformer à l'intention de sa Majesté.

Mais ie le crois, parce qu'il y a tousiours eu des Tātales reuoltez côtre les Cieux: des Ixions temeraires qui se nourrissans des nuës de leur audace, & des persuasions de l'enuie ont fait dessein sur la chaste Iunon nostre France; & des Salmonees impies qui voulans rauir le scepte & le tonnerre à nostre Iupiter ont esté foudroyez eux mesmes dans les precipices de leur ambition, ayans affermis les fondemés de l'Estat par leur cheute, au lieu de l'esbranler: Pourquoy doncques ennemis de la France, semez vous incessammēt les passions de vos perfidies parmy ses entrailles? Pourquoy tacitemēt y preschez vous le sang & le feu? Pourquoy exaltez vous toutes les mauuaises & dangereuses vapeurs qui offusquent

B ij

& obscurcissent l'obeissance & le respect des François vers leur Prince, vers leur Roy? Pourquoy faites vous girouëtter & mettre leur fidelité en desbauche? La Iustice de Dieu, tutrice des Royaumes vengeant la mort de Galba, ne laissa pas impunie la malice & l'assassinat d'Otho: elle mada des furies à Iulian le Seuere pour auoir fait mourir Pertinax iniustemét, elle fit naistre Alexandre contre Darius pour venger & remettre les Perses en leur Empire : & engendra des poux à Philippe pour ronger sa conscience farcie de mille perfidies.

Terrarū fatale malū, fulménq; quod omnes
Percutiat populos, paritérq; & sidus iniquum
Gentibus.

Mais seroit-ce priuer les Cieux de tous ses astres, en leur ostant vne planette? la terre de toutes ses fleurs, de luy en arracher vne, & la France de ses Roys pour luy en auoir meurtry vn? Nos Roys ne meurent iamais, *vno dempto non defficit alter*, pareils à ces deux beaux astres gemeaux. Castor & Pollux l'vn desquels venãt à defaillir l'autre luy succede tout à l'instant, & semblables à ceste belle course du Soleil, qui commence en finissant, & treuue son commencemẽt à la fin de sa carriere comparables aux Phœnix vnique oyseau de l'vniuers qui renaist de ses cendres, & reuit en sa mort.

Quiq; parens hærésq; sui de morte reuiuit,
Et clades hunc nulla rapit, solúsq; superstes
Edomita tellure manet,

Mais Messieurs pourray-ie vous parler d'auantage de l'assassinat commis en la personne de nostre Roy, sans renouueler la playe de nos douleurs, & sans accroistre nos pleurs par des nouuelles larmes: & que lamentãt les funestes obseques de sa mort, i'oublie les faits heroïques de sa vie : ce seroit estre ingrats à luy, & à nous mesmes si pouuans adoucir nos tristesses par le recit de sa gloire, nous ne la courtisiõs pour

B iij

nostre bien & pour son merite: faisans comme les vainqueurs des ieux Olympiques qu'au lieu des mortuaires Cyprez, ornoyent leurs tombeaux des lauriers, & au lieu de lamenter des Epitaphes, chantoyét des diuines Apotheoses à leur memoire.

La fortune ceste grande Déesse n'a-elle pas esté auant courriere de la victoire en toutes ses batailles, y estant contrainte & forcee par par la valeur d'vn Monarque si puissant & magnanime: n'a elle pas veillé pour luy auec les cent yeux d'Argus, & mis en besongne les cent mains de Briaree pour son aduancement, l'ayant nourry comme vn autre Ephialte enfant de Neptune qui croissant chasque mois d'vn demy pied, estant arriué en son iuste creu, fut si grand qu'il touchoit la nuë: & n'a-elle pas aussi fait en son endroit ainsi que Pallas, laquelle destournoit les dards des Troyens, & les repoussoit contre les armes des Grecs.

------ reuolutáq; tela
Vertit in authores, & turbine reppulit hastas.

Et quel Alexandre acquit iamais tant de Lauriers à sa valeur? quel Scipion donna tant de palmes à sa gloire? & quel Cesar dressa iamais tant de trophees au genie de ses batailles, comme nostre feu Roy Henry de Bourbon, auquel la nature fit grand tort de n'auoir fait plusieurs mondes pour le iournalier exercice de ses conquestes & Triomphes.

Que si l'on eust couronné de Lauriers toutes ses victoires, ne se trouueroiét plus de Lauriers parmy les parterres de la terre, sinó ceux qui ont creu au Soleil de sa gloire, arrosez par son sang, & cultiuez par son espee, qui estant arriué au throsne de sa Majesté non par vn hennissement de cheual comme Darius, non par le vol d'vn Aigle comme Ægon en la ville d'Argos, non par vn rapport incertain comme Alynomus en l'Isle de Paphos, mais parmy le feu & les flammes, entre les trauaux, dangers, attaques & batailles, chargé d'armes, couuert de sang, reluisant de gloire s'acquit de droict le sceptre de la France contre l'iniustice de ses ennemis, ayant rompu les plus violâs efforts des humeurs corrompuës des François par sa vaillance, laquelle les ramenera en leur deuoir, & comme vn Mars foudroyant resembla les esprits esgarez au rendez-vous de l'obeissance, tenant leurs ambitieux desseins par l'arrest de sa discretion pour le bien, & la paix de son peuple, tel que cet Osyris que les Ægyptiens figuroient par vn œil, & par vn sceptre.

Aussi Troye ne pouuoit point estre prinse sans Achilles, ny la France estre remise en son entier sans la vertu de Henry IIII. lequel comme cet Hector d'Homere Κάλκεος Άρης, portoit la peur dans son bras pour la ietter dans le cœur de ses ennemis.

O com-

O combien foudroyant fut-il veu en la bataille d'Yury, se trouuant plus pressé de ses aduersaires qu'oncques il n'auoit esté, plus foible qu'eux de beaucoup, ayant en front l'armee la plus puissante, les Capitaines & Princes plus vaillans de l'Europe, il accreut de courage de leur force, & deuenant foudre entre leurs assauts donna tant plus rude coup de son bras inuincible, que l'antiperistaze en estoit alors plus forte, vrgente & perilleuse.

Qualis apud gelidi cum flumina concitus Hebri
Sanguineus Mauors clypeo increpat, atque frementes
Bella mouës intorquet equos, formidinis ora,
Iræque insidiæque Dei comitatus aguntur.

Au combat d'Arques qui fut le premier ressort de son bon heur, l'arrest de sa fortune, le Palladium de son asseurance ne fit-il pas disputer la force auec le courage, & combattre le nombre auecque sa valeur.

C

Et comme vn autre Hercule *Stymphalidas pepulit volucres*, ne mit-il pas en deroutte l'armée de Fontaine Françoise.

Amiens le camp où se desbatit le droict du Royaume, le parquet où se plaida la fortune de la France, le theatre où la Iustice luicta auec la force, la vertu auec la fortune, & le droit auec les armes, ne tesmoignera-il pas que s'il y eut iamais quelque Alexandre de nom cestuy-cy le fut en effect ; aussi il n'a iamais cōbattu qu'il n'aye abbatu, les armes manquants plustost à sa force, que sa force aux armes, & duquel l'enuieuse Iunon pouuoit dire ce qu'elle disoit d'Hercule,

------In laudes suas
Mea vertit odia, dum nimis sæua impero,
Iráque nostra fruitur, & toto Deus
Narratur orbe, monstra iam desunt mihi
Minórque labor est HENRICO *iussa exequi*
Quam mihi iubere.

Combien doncques à plus forte raison

luy appartient ceste deuise de Darius, lequel se promettant la victoire de tout le monde, & pour monstrer qu'il estoit le Maistre victorieux de toutes choses, portoit en son escusson trois Espreuiers d'or, volans & comme s'entrechoquans à coup de bec, auec ce mot entrelassé entre leurs aisles ΝΙΚΗΚΟΤΑΤΟΣ tres-victorieux, auquel l'on adiousta ΠΤΕΡΟΕΙΣ, aislé: d'autant que sa renommée voloit par tout l'Vniuers.

Et quel Roy fut iamais plus victorieux en tous ses combats, n'y plus craint & renommé par tout l'vniuers νικηκότατος πτερόεις à plus forte raison que Darius grand Henry de Bovrbon.

Que si les Grecs appellerent Hector la main des Troyens, Æneas leur entendement & conseil, les Romains Claudius Marcellus celuy qui print la ville de Sarragousse en Sicile, leur espée, à cause de sa vaillácc, & Fabius Maximus leur bouclier

C ij

pour ſes ſages temporiſſemens &
─────── *Quod cunctando reſtituit rem*
Non ponebat enim rumores antè ſalutem.
Que dirons de HENRY IIII. qui de ſa main & de ſon eſpée victorieuſe à releué la couronne de France, & par ſes ſages & meurs conſeils l'a affermie & aſſeurée ſur la teſte de LOYS treziéſme ſon enfant noſtre ROY treſ-Auguſte. Quoy doncques Helene n'euſt-elle pas dit de luy auec verité, que non pas ce qu'elle dit à ſon beau pere Prian d'Agamemnon auec vanité

Βασιλεύς τ' ἀγαθὸς κρατερὸς τ' αἰχμητή

Rex optimus & bello potentiſſimus.

Et certes ſa force Martiale ne donna pas tant de Lauriers à ſa vaillance, que ſa bõté & clemence Royalle acquit de palmes à ſes vertus.

Toutes les qualitez que le Ciel peut
 donner
Pour vaincre par la force & gaigner par
 les charmes

L'Astre qui luit aux Rois eut soin de
  l'en orner
A fin de dompter tout par amour &
  par armes.
Sçachant bien que *peragit tranquilla potestas*
  Quod violenta nequit, mandatáque for-
    tius vrget
  Imperiosa quies.
Et que *non solis viribus æquum*
  Credere, sæpe acri potior prudentia dextra.
Aussi la Majesté Royale doit ressembler à
ceste Minerue des Atheniens qui mesloit
la terreur de son Ægide auec l'humanité
de son visage se nommant Ασπαθέαν cour-
toise & vaillante.
  O que beau estoit ce precepte qu'Anti-
gonus donnoit à son fils de n'estre pas as-
pre & violent à ses subiets, par ce que la
Majesté des ROIS n'est qu'vne splandide
seruitude, & comme l'appelle Pindare vne
illustre misere.
  Marc Anthoine Empereur surnommé

C iij

le Philosophe, disoit qu'il n'y auoit chose qui rédit plus recommandable vn Prince aux nations que la clemence, & c'est cette vertu laquelle mit Cæsar au nombre des Dieux *omnium memor præterquam iniuriarū*, consacra Auguste, surnomma Anthonin le Debonnaire, erigea des statuës sur des Elephans à Maxime & Aurelian Empereurs: Bref c'est elle qui esgalle aux Dieux Henry IIII. Monarque tres Clement & Debonnaire.

Que si Hercule surmonta l'Hydre plus auec vn flambeau qu'auec sa massuë, Luy a abbatu plus d'ennemis par le feu de son amour & clemence que par son espée, se souuenant de tout excepté des offences, *& hoc ipso seipsum superans*; pareil à l'Agamemnō de Philostrate qui estoit d'vne façon magnifique & royale, & neantmoins courtois & benin enuers vn chacun, comme s'il eut sacrifié aux Graces, dit-il.

Mais Mrs. ie ne sçay si la posterité venant à lire ses hauts Gestes voudra croire à l'Histoire, fidele messagére du temps & de la memoire, car toutes les vertus que sepa-rément recommandent les plus grands Monarques qui ayent iamais esté elles s'estoyent heureusement assemblees au sceptre de HENRY IIII. pour perfectionner vn Roy inimitable en toutes ses qualitez, le lustre de ses deuanciers, & l'exéple de ceux qui viendront apres luy, surpassant Numa Pompilius en pieté, Alexandre en grandeur, Iule Cesar en clemence, Auguste en bon heur, en Iustice Traian, Charlemagne en puissance, Crœsus en thresors, Domi-tian en bastimens, Lucullus en magnificence & tous en toutes ses perfections e-stant l'Epitome & recueil des plus grands ROIS, *cui labor aderat in negotio, fortitudo in periculo, industria in agendo, celeritas in consi-ciendo, Et bref*

*Quo nihil maius meliusve terris
Fata donauére bonique Diui,*

Nec dabunt quamuis redeant in aurum
Tempora priscum.

Que s'il est vray que Hercule apres auoir purgé la terre des monstres, & s'estre vaincu & bruslé soy mesme sur la montaigne d'Oëta fut mis entre le nombre des Dieux; & que Cæsar enueloppé dans vne nuë par Venus fut porté dans les Cieux, & changé en vne Comette tres-luisante.

Grand HENRY Hercule en verité, & non en fable, Cæsar d'effect & non par flaterie, qui sera celuy qui admirant tant de miracles en vostre vie, ne vous estime vn Dieu apres vostre mort escrit aux Fastes des Cieux, & engraué en terre aux cœurs de vos François ausquels soyez fauorable

Faueásque precantibus absens.

Et regardant de là haut LOVYS nostre Roy Heritier aussi bien de vos vertus que de vostre sceptre *Vinci lateris ab illo.*

Et vous LOVYS nostre ieune Roy, germe de S. LOVYS, genereux sang de Bourbon,
successeur

successeur à la Couronne d'vn si grand Monarque, Prince dont la valeur dresse desia sur les Autels de Mars les Tableaux de vos victoires, que puisse vostre bonne fortune s'allonger sur les enuieux de la Frãce, & doublant le courage de vostre Pere, redoubler ses triomphes, & l'imitãt l'Empire François des bornes de l'Vniuers, ne puisse vostre renommée sur limiter que des fins du monde & de l'Eternité.

Croissez d'aage & de courage, & végeant la mort de vostre Pere foudroyez sur ses perfides Geryons, sur ses assassins execrables, exterminez ses Athees, sacrifiez à vostre gloire ses traistres Ixions, ses affamez Tantales; Dieu fauorise vos armes par vne iuste vengeance, ce seront des Pigmees au pres de vous ieune Hercule, ce seront des Mirmidons au respect de vous sage Vlysses ; ce seront des enfans de Cadmus engendrez de la dent d'vn serpét qu'ils n'auront loisir de se voir pour combattre, qu'il

D

leur faudra combattre pour mourir treu-
uans leur tombeau dans leur berceau.

Faictes ieune Roy que vostre ieunesse
s'esleue sur les conseils de Madame vostre
Mere, nostre Royne & vostre Regente laquelle, comme ceste sage Cornelia instrui-
soit les Gracches ses enfans, formera vos
ieunes ans au moûle des vertus de vostre
Pere, qui comme vne autre Semiramis qui
conserua l'Empire des Assiriens à Nilus
son fils, elle maintiendra le vostre par sa
prudence; genereuse Amozone, braue Ca-
milla, courageuse Zenobia pour reprimer
l'insolence de vos ennemis & raffermir
voz subjects en leur deuoir.

Que doncques toute la France se pro-
sterne aux commandemés de nostre Roy,
qu'elle luy apporte l'eau & le feu à la façon
des Perses pour marque d'entiere obeïs-
sance.

Et nous autres Messieurs de Marseille

illustrat quo summa fides consacrós nos vies nos biens, & nos fortunes sur l'Autel de la foy que nous deuons à nostre Roy; & puis que soubs la conduitte & prudence de Messieurs les Consuls (lesquels comme ce puissant Atlas ont soustenu sur leurs espaules le fardeau de toutes ses affaires, sans rien chanceler, tousiours plus fermes & constans en leur deuoir) nous auons faict mentir l'opinion de ceux qui bastissoyent desia leur fortune sur nostre ruine: Faisons que tousiours plus affectionnez à la Couronne nous seruirons d'exemple de fidelité, & d'obeissance au demeurant de la France.

FIN.

Point de douceur, sans amertume.

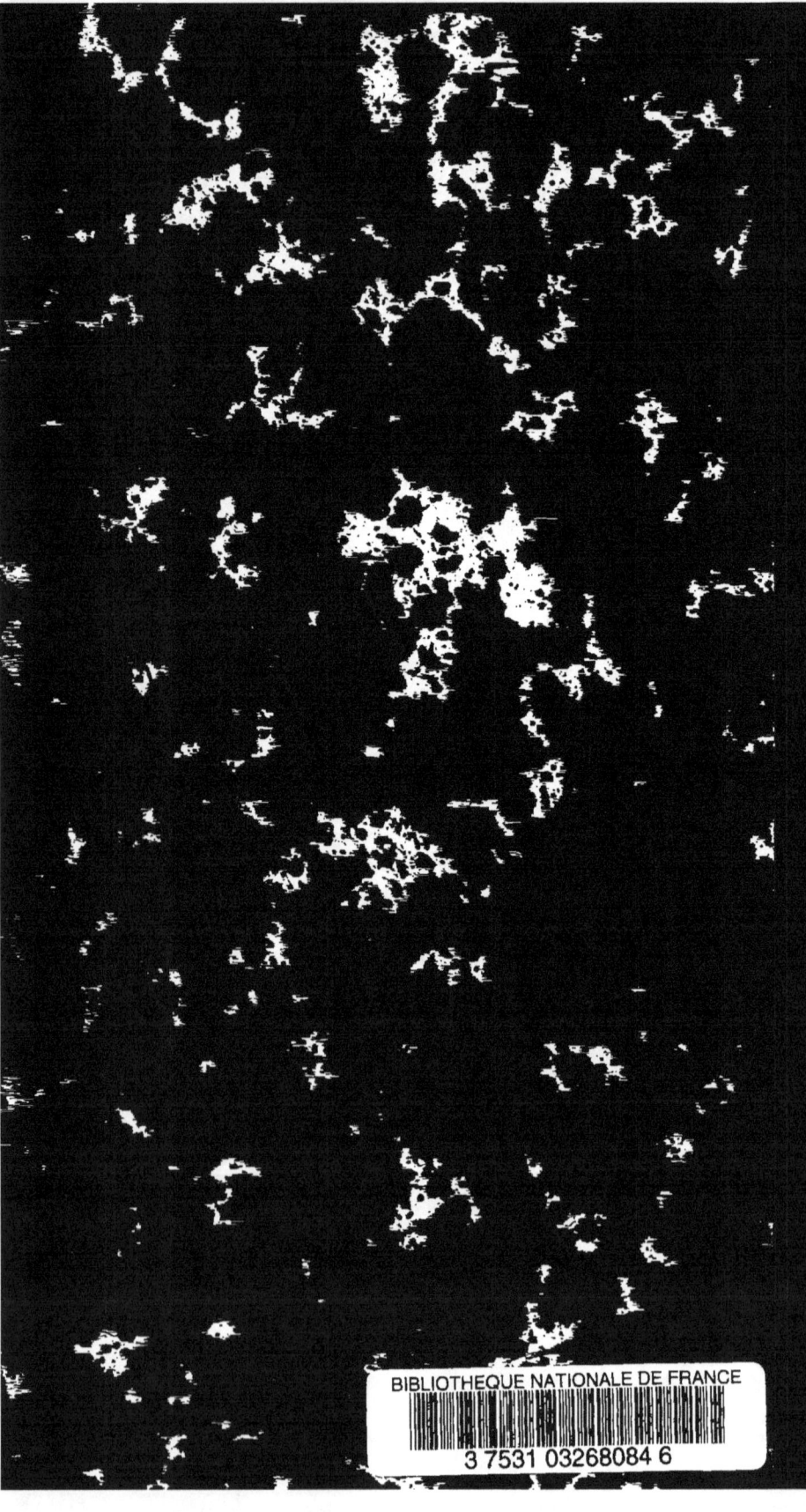

www.ingramcontent.com/pod-product-compliance
Lightning Source LLC
Chambersburg PA
CBHW060501050426
42451CB00009B/761